孩子入學心理故事系列

怎麼辦？ 專心上課真困難

太美羅　著

金鍍我　圖

新雅文化事業有限公司
www.sunya.com.hk

前言

　　孩子第一天上小學，父母的內心一定十分激動，同時亦少不了擔心：我的孩子能適應學校生活嗎？能跟得上課堂的學習嗎？能和同學們好好相處嗎？

　　從幼稚園升上小學，孩子需要重新適應環境，對孩子來說並不是一件容易的事。比起要求孩子有好的學習態度和學業成績，父母更應該先培養孩子的獨立能力和保持健康的體魄，孩子才有足夠能力面對日後的挑戰。

　　《孩子入學心理故事系列》通過故事形式，將剛升讀小一的孩子可能面對的困難呈現出來。當你的孩子遇到同樣問題時，本系列故事有助啟發孩子思考如何克服它，同時也能啟發父母如何幫助孩子克服困難。

朴信識

資深韓國小學老師

作者的話

給所有即將入讀小學的新同學們：

「再過幾天就要上小學一年級啦，心情怎麼樣？」

「很開心呢！到時就可以在寬闊的運動場上踢足球呢。」

這是七年前我和女兒的對話。

「後日就要上小學一年級啦，心情怎麼樣？」

「我不要上學！聽說每天在學校飯堂裏都是吃菠菜的。」

這是一年前我和兒子的對話。

同學們，馬上就要入讀小學了，你們的心情又是怎樣的呢？可能是既興奮又緊張吧。但是不用害怕，勇敢一點去嘗試吧！只要同學之間互相幫助，互相學習，友好相處，就可以一起成為出色的小學生。現在我們一起來展開一段奇妙的小學之旅吧！

太美羅

人物介紹

勇勇

勇勇雖然調皮而且愛搗蛋，但是天生力氣大，經常幫大家清潔課室。

艾得

十分害羞，最怕在大家的注視下說話。他的字寫得十分工整。

迪羅老師

非常疼愛她的學生。當學生遇到困難的時候，她會溫柔地開解和幫助他們。

布奇

性格幽默風趣，經常照顧身邊的朋友，會把自己的文具借給同學用。他也很擅長整理物品。

寶拉

性格內向，缺乏自信。她最喜歡植物，也很愛幫助朋友。她笑起來十分好看。

琳琳

琳琳總是有很多憂慮，不喜歡上學。她很有禮貌，最擅長用手工紙摺出各種動物。

貝利

性格大膽勇敢，熱愛運動，十分擅長踢足球。

「各位同學，早安！」迪羅老師笑着跟同學們打招呼。

「迪羅老師，早安！」同學們也大聲地向迪羅老師問好。

「嘩！今天你們問好的聲音特別響亮呢！不如各位同學也來互相問好吧！」

於是，同學們開始有禮地互相問好。

「琳琳，早安！」勇勇突然大力地用鼻子碰撞琳琳的鼻子。

「哎呀，鼻子好痛啊！勇勇你別搗蛋！」琳琳的鼻子紅得像草莓一樣。

「我沒有搗蛋啊，外國人都是這樣問好的。」

「這裏又不是外國！」琳琳摸着自己的鼻子，生氣地對勇勇說。

一直觀察着同學們的迪羅老師這時說：「勇勇對外國人的問候方式也很了解呢。不過，我們還是用傳統的方式問好吧，好嗎？」

　　於是，勇勇再一次向琳琳問好。

　　「琳琳，對不起。祝你新年快樂！」

說完，勇勇對琳琳鞠躬跪拜，課室裏頓時充滿着一片笑聲。

　　琳琳看着勇勇，不知道該怎樣反應。

　　「真是拿勇勇沒辦法。」迪羅老師無奈地搖了搖頭，笑着說。

　　「好了，我們來上課吧。現在大家把自己的夢想畫在畫簿上，然後再向同學們介紹自己的夢想。」

　　迪羅老師說完後，勇勇立即舉起了雙手。

　　「老師，我有很多個夢想呢，不知道畫哪一個才好，我可以不畫嗎？嘻嘻嘻⋯⋯」

　　「勇勇啊，你先認真地思考一下，然後再開始畫吧。」迪羅老師說。

其他同學都開始認真地畫下
自己的夢想了。

「太空船為什麼這樣難畫
呢？唉，不行！要重新再畫。」

夢想成為太空人的布奇對自
己畫的畫一點都不滿意，他不斷
地擦掉圖畫，重新再畫。

15

突然，勇勇十分生氣地對布奇說：「你不要把橡皮屑撥到我這裏來！」

　　「我哪有？我沒有撥橡皮屑。」布奇反駁。

　　「老師！布奇把橡皮屑撥到我這裏來了！」勇勇站起來，向迪羅老師告狀。

　　「老師，我沒有！我只是擦掉畫得不好的地方而已。」布奇委屈地說。

「勇勇啊，會不會是風把橡皮屑吹往你那邊去呢？」迪羅老師對勇勇說。

　　「不是啊，是布奇故意把橡皮屑撥到我這裏來的！」

　　「老師，我真的沒有。」布奇快要哭出來了。

　　勇勇繼續大聲地向迪羅老師投訴，但老師說：「勇勇，我們下課後再討論這個問題吧。」

美味可樂

　　「好了，現在每位同學都來介紹一下自己的夢想吧！」
迪羅老師對大家說。

　　琳琳第一個站起來說：「我想成為一名射球精準的足球
員，因為進球的那一刻令人十分興奮呢！」

　　「嘩！好厲害啊！」

　　除了勇勇以外，所有同學都為琳琳鼓掌。

　　「哈哈，你每次踢足球都輸給我，還想成為足球員嗎？」勇勇一邊笑一邊說。

　　「你太壞了，勇勇！」琳琳很不高興地對他說。

　　「勇勇，你不能這樣說其他同學的啊。」迪羅老師也告誡他。

23

之後，輪到貝利介紹自己的夢想了。

「我想成為一名廚師，為大家烹調美味的食物，
因為媽媽說我做的三文治是全世界最好吃的。」

「嘩！好想吃貝利做的三文治啊！」

除了勇勇以外，所有同學都為貝利大力鼓掌。

突然，勇勇舉手說：「老師，說到食物，我的肚子便餓了，我們什麼時候吃午飯啊？」

　　「勇勇，現在還末到午飯時間，請你再忍耐一下吧。上課時要集中精神，不要說無關的話。」迪羅老師對勇勇說。

　　但勇勇並不想聽從迪羅老師的話。

「勇勇，你也來說說你的夢想，好嗎？」迪羅老師說。

　　嘭嘭嘭嘭！勇勇忽然大力地搖動書桌。

　　「我本來想認真畫畫的，但是書桌搖晃得太厲害了，所以我畫不了呢。」勇勇一邊看着自己的畫簿，一邊搖動書桌。

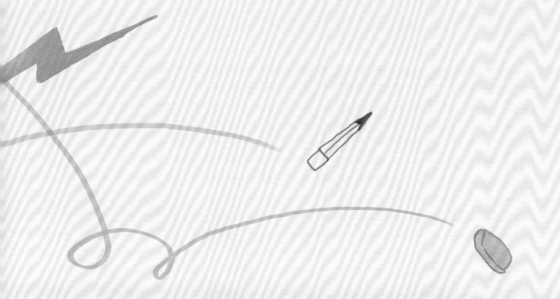

「哎呀，好吵啊！」同學們都摀着耳朵。

這時候，迪羅老師嚴厲地對勇勇說：「勇勇，你不要再搖動書桌了！還有，你不應該在課堂上搗亂，這樣會影響到其他同學的！」

勇勇終於安靜下來了。

小息的時候，同學們都在課室裏小聲地抱怨。

「勇勇真的太不聽話了！」

「勇勇說的話總是很過分！」

「勇勇破壞了課堂規矩呢！」

勇勇看着窗外，裝作什麼都沒聽見。但是，同學們的每一句話，其實都刺痛了他的心。勇勇突然覺得心裏很難受。

　　「為什麼我總是說一些過分的話呢？」

　　「為什麼在上課的時候，我說的都是一些奇怪的話呢？」

　　「我明明想忍住的，但還是說了。」

　　「我也不想的，為什麼我會這樣子呢？」

　　這時，迪羅老師在勇勇的旁邊坐下。

　　「勇勇，怎麼你看起來很不開心呢？遇到什麼難題了嗎？」

　　「上課的時候，我真的很想好好聽老師的話，認真回答問題的。但是不知道為什麼，我說的都是一些奇怪的話。」勇勇低着頭說。

　　「是嗎？勇勇你一定覺得很難受了。」迪羅老師安慰勇勇。

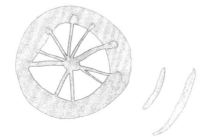

「勇勇，如果你在上課時想說話，先給老師一個信號，好嗎？」

　　「只有我和老師兩個人才知道的信號嗎？」勇勇好奇地問迪羅老師。

　　「沒錯，你發出信號後，老師便會告訴你能不能說話。」

　　勇勇很期待下一堂課的時候，試試按着老師的話去做。

39

這一堂是數學課，勇勇表現得特別專心。

「籃子裏有三隻黃色恐龍蛋。如果我再把兩隻藍色恐龍蛋放進去，籃子裏共有多少隻恐龍蛋呢？」迪羅老師問同學們。

「我！我知道！」同學們都爭着舉手回答問題。

42

勇勇也把手舉得高高的。迪羅老師用手指在肚子上畫了一圈，給勇勇發出了信號。

　　「勇勇，先想清楚，這是上課時應該說的話嗎？」

　　勇勇思考了一會，「我想好了，我想說說看。」

　　於是，迪羅老師指着勇勇說：「勇勇，你來回答吧！」

勇勇有點緊張，他小心翼翼地站起來
說：「三隻黃色恐龍蛋加上兩隻藍色恐龍
蛋，一共有五隻恐龍蛋。」

「答對了！勇勇很棒呢！」迪羅老師
對勇勇豎起了大拇指。

五隻

勇勇開心地笑了，感到十分自豪。

「嘩！勇勇答對了。」

「勇勇上課時沒有再搗蛋，太好了！」

同學們都紛紛稱讚他，勇勇真的非常高興。

這時候，迪羅老師說：「從明天開始，每天早上，我想請每位同學都來做一分鐘自由演講。」

「嘩！太好了！」同學們非常興奮。

「說什麼都可以嗎？」

「超過一分鐘也可以嗎？」

勇勇興奮地不斷發問。

嘩！

「當然可以！勇勇是我們班上最喜歡說話的，我們給勇勇三分鐘時間，好嗎？」迪羅老師說。

「好啊！」同學們都贊成。

47

第二天早上，勇勇第一個來到課室，他開心地哼着歌。

今天我可以盡情説話，説什麼好呢？
什麼話都可以説，即使是有點奇怪的話。
但是從現在起，上課時要少説話。
在演講時間裏盡情説話，感覺更好呢！

哈哈哈

給父母的話

　　有的孩子特別喜歡說話。孩子能不掩飾自己的想法和情緒，大膽直接地表達自己，這是一種優點；但如果不分時間和場合說話，卻會使優點變成缺點，因為這是缺乏自制能力的表現。

　　故事中的勇勇總是忍不住說話，不僅為同學們帶來了傷害，還妨礙了課堂進行。迪羅老師用秘密信號的方法，幫助勇勇培養自制能力；同時又通過每日三分鐘自由演講，給勇勇可以盡情說話的機會，幫助他提升自信心。

　　勇勇還有上課時無法集中精神的問題。其實很多患有專注力不足／過度活躍症 (ADHD) 的孩子都會出現和勇勇相似的表現。全球大約有 3-7% 的學齡兒童患有 ADHD。為了幫助這些孩子更好地參與課堂，老師需要個別指導他們，培養孩子的專注力，努力制止他們一些過分的行為。在這個過程中，如果孩子總是因為自己的行為而受到其他同學排斥，這會傷害孩子的自尊心，影響他們的社交能力發展。

　　把孩子過於旺盛的精力，轉移到體力消耗上，也是一個不錯的方法。如果孩子總是注意力不集中，或者上課時總是愛搗亂，老師和父母不應只是訓斥他們，反而應該先安撫他們，例如說「你一定忍耐得

很難受吧」。站在孩子的角度去理解他們，幫助他們建立正確行為的動機，再用別的方法來補償他們不能做自己想做的事情，這比起指責孩子的錯誤，更能有效地改善他們的表現。

另外，老師和父母的教育態度一定要貫徹始終。同時，為了讓補償機制能持續發揮效力，可以經常改變補償的方式。在可行的範圍內，用最能誘發孩子動機的方式來補償是最好的。最基本的補償方式是關心和稱讚孩子，也可以適當地給他們一些獎品、增加遊戲時間、減少作業等等。

父母亦應為孩子營造和睦的家庭氣氛，維持整潔的生活環境，控制家裏的玩具數量，跟孩子說話時盡量用平和的語氣，這些都能改善孩子注意力不集中的情況。

孫實軒
兒童精神科醫生

孩子入學心理故事系列
怎麼辦？專心上課真困難

作　　者：太美羅
繪　　者：金鍍我
翻　　譯：何莉莉
責任編輯：陳志倩
美術設計：王樂佩
出　　版：新雅文化事業有限公司
　　　　　香港英皇道 499 號北角工業大廈 18 樓
　　　　　電話：(852) 2138 7998
　　　　　傳真：(852) 2597 4003
　　　　　網址：http://www.sunya.com.hk
　　　　　電郵：marketing@sunya.com.hk
發　　行：香港聯合書刊物流有限公司
　　　　　香港荃灣德士古道 220-248 號荃灣工業中心 16 樓
　　　　　電話：(852) 2150 2100
　　　　　傳真：(852) 2407 3062
　　　　　電郵：info@suplogistics.com.hk
印　　刷：中華商務彩色印刷有限公司
　　　　　香港新界大埔汀麗路 36 號
版　　次：二〇一九年三月初版
　　　　　二〇二四年一月第四次印刷

ISBN: 978-962-08-7221-1
Original title: Dinosaurs School#4
Text by Tae Mi-ra
Illustrated by Kim Do-ah
Copyright © 2017 Tae Mi-ra, Kim Do-ah
All rights reserved
This Traditional Chinese Edition was published by Sun Ya Publications (HK) Ltd.
in 2019 by arrangement with CRAYON HOUSE CO., LTD. through Eric Yang Agency Inc.

Traditional Chinese Edition © 2019 Sun Ya Publications (HK) Ltd.
18/F, North Point Industrial Building, 499 King's Road, Hong Kong
Published in Hong Kong SAR, China
Printed in China